POÈME PSYCHOLOGIQUE

EXTRAIT DES TROIS PREMIERS LIVRES DE NOTRE

PHILOSOPHIE SPIRITE

PAR

Augustin BABIN

Dans tout pays, l'athée est funeste aux États ;
Et, s'il ne l'est lui-même, il fait des scélérats.

FÉNELON.

PREMIÈRE ÉDITION

PARIS

TYPOGRAPHIE CHARLES UNSINGER

RUE DU BAC, 83

1881

(Réserve de tous droits).

DÉDICACE

Par *reconnaissance* et puis *sympathie extrême*,
A Dame ALLAN KARDEC nous dédions ce Poème.

AUGUSTIN BABIN.

POÈME PSYCHOLOGIQUE

TABLE

FIN DE LA TABLE DES MATIÈRES

POÈME PSYCHOLOGIQUE

EXTRAIT DES TROIS PREMIERS LIVRES DE NOTRE

PHILOSOPHIE SPIRITE

PAR

Augustin BABIN

Dans tout pays, l'athée est funeste aux États ;
Et, s'il ne l'est lui-même, il fait des scélérats.

FÉNELON.

PREMIÈRE ÉDITION

PARIS

TYPOGRAPHIE CHARLES UNSINGER

RUE DU BAC, 83

1881

(Réserve de tous droits).

INVOCATION

O mon DIEU! c'est avec la plus profonde humilité que j'entreprends de faire paraître ce *Poème psychologique,* dans le but d'être utile à tous mes semblables et d'obéir, par conséquent, à votre divine loi, par laquelle Vous nous recommandez de nous aider les uns les autres; de faire à autrui ce que raisonnablement nous voudrions qui nous fût fait à nous-mêmes; enfin de nous aimer tous comme de vrais frères, puisque nous sommes tous vos enfants. Loi adorable que Jésus-Christ, l'un de vos fils bien aimés et notre bienfaiteur sur cette terre, enseigna aux hommes pendant son séjour parmi eux.

Ne pouvant rien sans Vous, soutenez-moi SEIGNEUR, dans mon humble entreprise, afin que mon travail puisse être utile à mes semblabes, que j'aime comme moi-même par amour pour Vous, et auxquels je désire, de tout mon cœur et de toute mon âme, pouvoir offrir également par amour pour Vous, un écrit qui puisse les soulager dans leurs peines, en leur inspirant toute confiance et tout espoir en Vous qui, *Seul*, avez le pouvoir de donner à vos enfants: *gloire* et *félicité.*

Que votre volonté soit faite, ô mon DIEU!

POÈME PSYCHOLOGIQUE

EXTRAIT DES TROIS PREMIERS LIVRES DE NOTRE

PHILOSOPHIE SPIRITE

———

AVIS

———

Dans ce livre, Lecteurs, nous allons désigner
Du vrai Spiritisme les principes sublimes ;
Principes consolants que l'on doit admirer,
Pour leur grande clarté et leur rationalisme.
Aussi, avec raison, nous croyons pouvoir dire
Cette vraie vérité qu'on ne peut contredire :
C'est que, des Doctrines, elle est la plus sublime.
En voulez-vous la preuve ? Elle est facile à dire.
Pour cela, il nous faut, pour avoir votre estime,
De tous ces principaux principes vous instruire.
Ces principes, qui tous sont des plus consolants,
Tout à fait rationnels, Lecteurs, sont les suivants :

———

DIEU ET SES ATTRIBUTS.

Dans l'univers entier et dans l'immensité,
DIEU est *l'intelligence* au suprême degré.
Il est également le *Seul* Être *éternel*
Et cause première de toute création.
Il est, en même temps, *unique*, *immatériel*,
Immuable, *tout-puissant*, puis enfin *juste* et *bon ;*
Attributs qu'il possède à un degré suprême,
Ainsi que l'enseigne la raison elle-même.
Ce serait donc folie et complète imprudence
Que de vouloir prouver l'absolue évidence.
Quant à vouloir prouver sa *divine* existence,
Sans doute ce serait insulter nos Lecteurs,
Et douter un instant de leur reconnaissance.
Quels sont ceux, en effet, qui du fond de leur cœur,
Non salis par l'orgueil ni par la vanité,
Pourraient, hélas ! douter de la DIVINITÉ ?

ÉLÉMENTS GÉNÉRAUX DE L'UNIVERS

De l'univers sans fin, les deux seuls éléments
Vont de cet article faire le fondement.
D'abord, connaissance du principe des choses
Est pour nous tous, hélas ! chose absolument close ;
Seulement, nous savons que la nature entière
Comprend deux éléments : *l'esprit* et la *matière*.
Le dernier élément change en se purifiant,
Le premier, immortel, va toujours progressant.
Le dernier est connu comme étant pondérable :

Le premier, au contraire, est tout impondérable.
Inerte est le dernier, le premier dirigeant.
Tels sont, de l'univers, les deux seuls éléments.

CRÉATION

La création comprend toutes choses créées,
Compris dans l'univers et dans l'immensité.
Par elle se produit la formation des mondes
Et leurs, en même temps, transformations profondes.
Elle produit, en plus, tous les Etres vivants
Comprenant trois règnes, lesquels sont les suivants :
Les règnes végétal, animal et humain;
Le dernier, forcément, étant le nôtre enfin.
La vie dans le premier, est des plus inconscientes ;
Dans le deuxième, elle est plus ou moins bien consciente.
Dans le dernier des trois, qui est le règne humain,
Elle est absolument consciente et puis sans fin :
En effet, pour nous tous, hors de la vie actuelle,
Existe une autre vie tout à fait spirituelle.
Disons, en terminant, que toute création
Et, de plus encore, toute transformation
Ont, comme DIEU Lui-même, existé de tout temps,
Et doivent exister toujours également.
Sans doute, notre esprit est beaucoup trop borné.
Pour pouvoir apprécier semblable vérité.
A cause de cela, faut-il la rejeter?
Non certes, au contraire, il nous faut l'accepter
Tout en reconnaissant, avec humilité,
Que tout n'est pas connu de notre esprit borné.
Au surplus, la raison nous oblige à penser

Que DIEU, en aucun temps, n'est resté sans créer.
La création est donc forcément éternelle ;
Conclusion évidente et toute naturelle.

PRINCIPE VITAL

Le principe vital, dans la nature entière,
Donne le mouvement à l'inerte matière,
Qui, naturellement, est tout inorganique.
C'est lui qui procure à tous êtres organiques
La vie végétale, puis la vie animale.
A notre âme, qui est la partie principale,
C'est également lui qui sert de périsprit ;
Puis, sert d'intermédiaire entre le corps et l'âme,
Laquelle est destinée à devenir Esprit,
Alors que de la vie s'éteint en nous la flamme.
Dans ce cas c'est la mort, ou bien autrement dit
La destruction du corps et puis la délivrance
De notre chère âme qui redevient Esprit.
Ainsi l'a décidé l'*immuable* PROVIDENCE.
Il nous reste à citer deux différents principes,
Que nous appellerons : instinct, intelligence.
Le premier appartient au dit vital principe ;
L'autre de l'âme humaine est la plus pure essence.

DES ESPRITS.

Notre âme, avons-nous dit, en dehors de la vie
Humaine qu'ici bas nous avons à subir,
Devient Esprit. Certes, cela étant admis,

Les Esprits peuvent donc pouvoir se définir :
Etres intelligents et moraux composant,
Hors des mondes humains, le monde des Esprits.
Quant à leur origine : il nous faut forcément,
Ainsi que nous le fait supposer notre esprit,
Admettre qu'en tout temps ils ont été créés
Simples et ignorants, ayant même aptitude
Pour faire bien ou mal. Une telle pensée
Suivant nous équivaut à une certitude.
Concernant leur forme : leur corps étant formé
Du périsprit dont nous avons déjà parlé,
Assurément elle est celle du corps humain ;
Cela doit nous paraître évident et certain.
Enfin, en dernier lieu, il nous faut remarquer
Que, parmi les Esprits, des degrés différents
Certainement doivent forcément exister,
Lesquels se réduisent aux cinq ordres suivants :

1er Ordre

Premier ordre, comprend les Esprits arrivés
A toute perfection, n'étant plus obligés,
Dans ce cas, de subir la réincarnation,
Se trouvant au plus haut degré de perfection.
On les nomme Esprits *purs*, qui pour l'éternité
Sont destinés à jouir de la pure existence
Absolument morale et spiritualisée.
Ainsi l'a décidé, pour eux, la PROVIDENCE.
Des Esprits purifiés, tout le bonheur suprême
Consiste à voir, aimer et puis comprendre DIEU ;
Ils sont ses Messagers et ses Ministres même
Chargés de transmettre ses ordres en tous lieux.
Les mondes qui, pour eux, servent d'habitation,
Sont les mondes *divins*, tout à fait épurés ;

Ces mondes sans doute, d'après notre raison,
De toute création sont les plus élevés.

2me Ordre

Deuxième ordre, comprend les Esprits arrivés
Au degré le plus haut de toute épuration,
Auquel tout Être humain, pour sa félicité,
Ait le droit d'arriver. Dans cette condition,
Les Esprits s'appellent : les Esprits *supérieurs*,
Et les mondes humains, leur servant de demeure,
Sont aussi appelés : les mondes *supérieurs*.
Ces Esprits arrivés au faîte du bonheur
Dont tous Êtres humains sont appelés à jouir,
Aux Esprits inférieurs commandent d'accomplir
Les ordres absolus de la DIVINITÉ,
Qui tous leur sont transmis, de toute éternité,
Par tous les Esprits *purs*, qui seuls assurément
Ont le droit d'approcher de l'ÊTRE Tout-Puissant.

3me Ordre

Troisième ordre, comprend les Esprits épurés,
D'un degré inférieur aux Esprits supérieurs.
Chez eux tous domine la spiritualité ;
Ce qui, alors, les rend tant soit peu supérieurs.
Amour et sympathie les unissent ensemble ;
De là, pour eux, la vie plus heureuse et plus ample,
Que la nôtre dont nous allons faire mention.
Quant aux mondes humains, leur servant de demeure,
Il nous faut convenir, avec toute raison,
Qu'ils ont tous droit au nom de *régénérateur*.

4me Ordre

Quatrième ordre, comprend les Esprits mélangés,

Dont notre humanité se trouve composée.
Nous est-il, en effet, possible d'ignorer
Que le bien et le mal se trouvent figurer
Tout à fait mélangés dans notre humanité ?
Hélas ! c'est que trop vrai et cette vérité
Est cause évidente que nous appellerons
Notre monde terrestre, un monde d'*expiations*
Et, en plus, d'épreuves. A nous donc, exilés,
De faire beaucoup mieux que par les temps passés,
Si nous voulons avoir le suprême bonheur
De ne plus retourner sur ce monde inférieur,
Et d'être, en même temps, alors autorisés
A nous incarner sur l'un des sus-désignés.

5me ORDRE.

Le dernier ordre enfin, lequel est le cinquième,
Est le plus matériel et, de plus, disons même
D'une infériorité tout à fait absolue.
La vie de ces Esprits étant à leur début,
C'est pourquoi on les dit les Esprits *primitifs*,
Qui n'ont rien à expier, n'ayant aucun passif.
Quant aux mondes humains, leur servant de demeure,
Ils ne peuvent porter qu'un nom semblable au leur.
Tels sont les cinq ordres, qui, dans l'immensité,
Divisent les Esprits, suivant la volonté
Absolue de Celui qui *Seul* a tout créé,
Ou bien, autrement dit de la DIVINITÉ.
Nous allons, maintenant, donner l'explication
De ce que peut être la progression pour eux.
Règle générale : la plus simple raison,
Nous dit que les Esprits, plus ou moins malheureux,
Sont tous susceptibles de pouvoir progresser ;
Loi des plus sublimes, qu'il nous faut admirer.

Enfin, *Anges, démons*, désignent les plus purs,
Ainsi qu'ils désignent aussi les plus impurs.

INCARNATION DES ESPRITS, etc.

Les Esprits, comme Agents de la DIVINITÉ,
Pour s'unir à l'œuvre des mondes matériels,
Prennent un corps humain pour un temps limité.
Alors, ont lieu pour eux, les devoirs matériels
Devant perfectionner leur faible intelligence.
Ainsi l'a décidé la sage PROVIDENCE.
On appelle cela la *réincarnation* ;
Laquelle, sans doute, d'après notre opinion,
Doit se produire ainsi : lors de la conception,
Tout Esprit destiné à prendre possession
D'un corps humain qui est en voie de formation,
Au germe dudit corps unit son périsprit.
Alors, probablement, cette susdite union
Doit progresser sans cesse, au point que pour l'Esprit,
Elle doit se trouver à très peu près entière,
Au moment que le corps paraît à la lumière.
C'est alors pour l'Esprit l'oubli de son passé,
Son libre arbitre en fait une nécessité.

DE L'AME, DU PÉRISPRIT ET DU CORPS.

L'âme étant l'unique principe intelligent
Des humains, elle doit, cela est évident,
Leur donner la pensée, la liberté d'agir
Et puis la volonté. Elle est, nous pouvons dire,

Immatérielle, individuelle et *immortelle.*
Unie au périsprit, c'est l'Être spirituel,
Que nous nommons Esprit; lequel constitue l'*homme* (1)
En s'unissant au corps purement matériel.
Alors, dans un tel cas, il existe dans l'*homme*
Trois choses : c'est l'âme, qui est immatérielle ;
Puis le périsprit qui est semi-matériel ;
Puis ensuite le corps tout à fait matériel.
L'âme est un Être simple et l'Esprit un double Être,
Formé du périsprit uni au premier Être.
L'*homme* enfin est triple et se trouve composé :
Du corps, du périsprit et de l'âme affligée ;
Affliction naturelle et qui a sa raison,
Du moment qu'ici-bas elle est en punition.

LA MORT MATÉRIELLE, VIE ÉTERNELLE

Qu'est-ce la mort du corps purement matériel ?
C'est la délivrance de l'Être spirituel,
Qui naturellement, hors de l'humanité,
Doit conserver sa propre individualité ;
Le périsprit que notre âme emporte avec elle,
Compose en entier son propre corps spirituel.
Le départ de l'âme s'appelle sensément
La désincarnation, qui, naturellement,
Est le contraire de la réincarnation ;
Les deux s'opérant en complète opposition.
La vraie vie pour l'Esprit, c'est la vie éternelle ;
Celle du corps n'est que simplement temporelle.

---

(1) OBSERVATION TRÈS IMPORTANTE. Le mot *homme*, en caractères italiques,
est pris dans son sens générique, désignant l'homme et la femme.

PLURALITÉ DES EXISTENCES HUMAINES, etc.

La réincarnation étant chose certaine,
La pluralité des existences humaines
Est, sans aucun doute, forcément acceptée.
Une autre vérité, physiquement prouvée,
C'est l'infinité vraie des mondes matériels ;
Lesquels sont sans doute plus ou moins épurés,
Devant être habités par Êtres spirituels
Qui sont également plus ou moins élevés.
De ce qui précède, de grandes vérités
Peuvent se déduire : tout d'abord sur l'enfance,
Les liens de famille, les sexes annulés
Parmi tous les Esprits, et puis les ressemblances
Physiques, morales, parmi les incarnés.
Maintenant, concernant toutes idées innés :
C'est l'intuition qui nous les donne évidemment,
Laquelle est inhérente à tous les habitants
De ce petit globe, l'un des moins avancés
De tous ceux existant dans notre immencité.

VIE SPIRITE.

Les Êtres spirituels, non encore Esprit *purs*,
Au sortir de la vie de l'humaine nature,
Sont des Esprits errants, c'est-à-dire attendant
Le moment voulu pour s'incarner de nouveau,
Dans le but de pouvoir, alors en progressant,
Se rapprocher de DIEU, but absolument beau.
Mondes transitoires, en voie de formation,

Sont généralement leur point de réunion.
Perceptions, sensations, impressions des Esprits
Existent pour eux tous, hors de la vie actuelle,
Et bonheur ou malheurs, sont les uniques prix
Qui leur sont accordés dans la vie spirituelle.
Faisons donc ici-bas, notre devoir humain
Et nous jouirons alors d'un vrai bonheur sans fin.
C'est l'Esprit lui-même qui choisit ses épreuves,
Au moment qu'il lui faut de nouveau s'incarner,
Et cela, pour avoir sa part dans la grande œuvre.
Plus elles sont pénibles, plus il doit s'estimer,
Tout leur mérite étant dans la difficulté ;
Ainsi l'a décidé de DIEU la volonté.
Parmi eux tous existe une hiérarchie spirite,
Conséquence de leur plus ou moins grand mérite ;
Existent ensuite les rapports sympathiques
Ou bien encore ceux qui sont anti-pathiques.
L'âme, à l'état errant, se rappelle toujours
Avec lucidité sa dernière existence ;
En cela consistent ses bons ou mauvais jours,
Qu'elle puise, en effet, dans sa propre conscience,
Qui n'est plus obscurcie par les passions mondaines
Et doit, certainement, régner en souveraine.

RETOUR A LA VIE CORPORELLE.

La mort du corps étant pour l'Esprit renaissance,
La réincarnation, pour lui, est claustration
Et de plus un exil. La claustration commence
Tout aussitôt que se produit la conception ;
Grande vérité dont nous avons fait mention,

Tout en définissant la réincarnation.
L'Esprit, en s'incarnant, apporte assurément
Tous ses talents moraux et puis intellectuels ;
D'où les anomalies tout naturellement,
Qui, hélas ! existent dans notre monde actuel.
De l'organisme on doit reconnaître l'influence,
Puisque c'est lui qui sert à notre intelligence
Pour se manifester. Idiotisme et folie,
Dans ce cas s'expliquent avec facilité ;
L'organisme, en effet, se trouvant rétréci
L'intelligence alors manque de liberté
Pour pouvoir librement exprimer sa pensée.
Semblable explication nous paraît très sensée.
Concernant l'enfance, sans doute elle doit être
Nullement pénible pour l'Esprit incarné ;
Pour lui, au contraire, c'est un repos peut-être.
Quant à l'explication, parmi les incarnés,
Des douces sympathies et des antipathies,
Elle prend sa source dans l'intuition bénie ;
Laquelle ils possèdent pendant l'incarnation.
Pour l'oubli du passé, il a pour sa raison
Que, dans tout autre cas pour les Êtres humains,
Le libre arbitre, alors, serait par trop restreint.

SOMMEIL, SOMNAMBULISME.

Pour le repos du corps, le sommeil est utile,
Et bonne conscience le rend toujours tranquille.
En ce moment, alors, l'âme pour un instant
Se trouve délivrée, et jouit par conséquent
De la vie bien aimée ou la vie spirituelle.
Dès le réveil du corps, notre âme se rappelle

Plus ou moins des rêves qui l'ont impressionnée,
Et qui, le plus souvent, n'ont aucune portée,
Ou du moins, très souvent lui sont inexplicables.
Le somnambulisme, sommeil très remarquable,
Peut être naturel ou bien artificiel.
C'est un état de l'âme, alors exceptionnel,
Qui lui permet d'agir sur son corps assoupi,
Et lui fait accomplir des actes incompris,
Que le Spiritisme peut seul nous expliquer.
Pour s'en convaincre, il faut seulement l'étudier.

INTERVENTION DES ESPRITS
DANS LE MONDE CORPOREL.

Les Esprits pénètrent aisément nos pensées,
Même celles que nous croyons les plus cachées.
La raison, la voici : le fluide universel,
Qui n'est autre que l'atmosphère spirituel,
Pour saisir la pensée leur sert de véhicule,
Absolument comme, pour nous, notre atmosphère,
Pour entendre les sons, nous sert de véhicule.
Cette juste raison doit tous nous satisfaire.
De cette vérité, que devons-nous conclure ?
Cette autre vérité, qui est toute aussi sûre :
C'est qu'ils doivent pouvoir agir sur nos pensées
Au point même qu'elles en sont influencées.
Ce qui sans doute explique, avec toute raison,
L'état anormal des possessions, convulsions,
Que nous voyons souvent exister parmi nous.
Cette vérité donc nous intéresse tous.
Elle nous dit aussi que nos Anges gardiens

Ont tout pouvoir pour nous soutenir dans la vie,
Lorsque de leurs très bons conseils nous voulons bien,
Pour notre grand bonheur, écouter les avis.

OCCUPATION DES ESPRITS ET PHOTOGRAPHIE
DE LA PENSÉE.

Occupations, missions, sont des devoirs sérieux
Lesquels sont imposés aux Esprits dans les cieux ;
Car tous, en général, sont dans l'obligation
De concourir, enfin, à la grande harmonie
De l'univers entier ; de plus leur ambition,
Certes, doit consister à vouloir être admis
Dans *l'œuvre sublime, celle* du CRÉATEUR.
C'est en cela que doit consister leur bonheur.
Tous les plus épurés reçoivent de DIEU même
Ses ordres suprêmes, que tous doivent eux-mêmes
Transmettre sur-le-champ aux Esprits supérieurs
Qui, eux, les transmettent aux Esprits inférieurs
Chargés d'exécuter les immenses travaux
De toute création ; pour eux tous, inégaux,
C'est un devoir sacré, qui leur est infligé
Pour accomplir les vues de la DIVINITÉ.
Maintenant, il nous faut porter notre attention
Sur la photographie et la télégraphie
De la pure pensée. Dans ce cas, nous aurons
Besoin d'avoir recours à ce simple récit :
Ainsi, par exemple, les fluides spirituels,
Constituant du fluide cosmique universel
L'un des états divers, à proprement parler,
Ces fluides, pour l'Esprit, doivent assurément

Etre son atmosphére, où il lui faut puiser
Les divers matériaux sur lesquels maintenant,
Pour remplir sa mission, il lui faut s'escrimer.
C'est enfin le milieu où doivent s'opérer
Les choses spéciales, visibles seulement
Pour l'Esprit et, de plus, qui sont uniquement
Sensibles à son ouïe. C'est aussi le milieu
Dans lequel se forme le fluide lumineux,
Absolument spécial aux mondes spirituels ;
Autrement dit, c'est pour les Êtres immortels
Le vrai véhicule de toutes leurs pensées ;
Comme l'air est pour nous, mortels infortunés,
Du son le véhicule. Enfin, reconnaissons,
Avec humilité, que des Esprits l'action
Sur fluides spirituels, s'opère seulement
Par leurs seules pensées et par leur volonté.
Il nous faut donc alors, tout naturellement,
Admettre qu'ils ont tous le pouvoir assuré
De produire, à l'instant et sans difficulté,
Tout objet qui, par eux, peut être désiré.

LES QUATRES RÈGNES

Tout ce qui compose toute la création
Doit naturellement, d'après notre raison,
En quatre grands règnes pouvoir se diviser ;
Lesquels règnes doivent ainsi se composer :
Minéral, végétal, animal et humain,
Ce dernier spirituel et plus ou moins moral.
Concernant le premier, le minéral enfin,
Il comprend tout ce qui du principe vital

Est tout à fait privé ; puis, les corps très nombreux
Dont il est composé, sont à l'état gazeux,
Liquide ou solide, et la force mécanique
Qui unit, plus ou moins, les éléments entre eux,
Prend le nom, en chimie, d'affinité chimique.
Ce règne, enfin, comprend les corps les plus nombreux.
Les plantes, composant le règne végétal,
Quoiqu'inertes sont doués du principe vital ;
Sans cependant avoir aucunement conscience
(Du moins nous le pensons) de leur propre existence.
Sans volontés propres, elles n'ont que la vie
Organique, intuitive, et, disons-le ici,
Elles sont soumises, comme l'est la matière,
Même d'une manière absolument entière,
A la même loi des affinités chimiques,
Comme enfin tous les corps qui sont inorganiques.
Nous allons, maintenant, porter notre attention
Sur tous les animaux, lesquels, avec raison,
Constituent en entier tout le règne animal.
Êtres vivants, tous doués du principe vital ;
Ils sont également doués d'une intelligence
Qui n'est qu'instinctive ; laquelle, en conséquence,
Est limitée et sans aucune initiative.
Ils ont la conscience de leur propre existence,
Et disons-le ici, fort souvent il arrive
Que les plus avancés ont une intelligence
Vraiment très remarquable, et puis des sentiments
Dont beaucoup d'incarnés sont malheureusement
Par trop privés, hélas ! Vérité malheureuse
Qui doit faire rougir tous les infortunés
Dont la triste conduite est assez défectueuse
Pour pouvoir les réduire à ce triste degré.
L'espèce humaine enfin, qui est le dernier règne,
Ayant ce qu'il y a dans les trois premiers règnes,

Possède encore une réelle intelligence
Spéciale, indéfinie et plus ou moins morale,
Lui donnant le désir, et, de plus, la puissance
(Puissance possédée par aucun animal)
De rendre plus parfait tous les travaux qu'il fait,
Et lui seul, en même témps, possède le secret
De sa future vie ; de plus, a connaissance
De l'existence et puis de la *Toute-Puissance*
De l'*unique* Auteur de toutes choses créées,
Autrement dit enfin, de la DIVINITÉ.

LOIS DIVINES OU NATURELLES.

La loi du CRÉATEUR est la loi naturelle,
La *seule* véritable et qui soit éternelle ;
La *seule* vraie enfin, pour le bonheur de *l'homme*.
Conformons-nous y donc tous autant que nous sommes ;
Le plus simple bon sens nous en fait un devoir
Sacré et tout à fait des plus obligatoires.
La raison en est simple et des plus convenables,
Car, *seule*, elle est gravée en traits ineffaçables
Dans le cœur de *l'homme* dont la reconnaissance
S'élève, avec ardeur, vers la *Toute-Puissance*.
Bien malheureux, hélas ! est tout infortuné
Qui, dans notre très faible et pauvre humanité,
Ose mettre en doute, que dans l'immensité
Rien ne s'est fait tout seul, tout a été créé.
Sublime vérité que, dans toutes nos sciences,
Nous avons acceptée toujours avec confiance,
Et qui est la suivante absolument sensée :
« *Il ne peut exister un seul effet sans cause* ».

Comment donc, dans ce cas, peut nous être expliquée
Toute la création dont l'*homme* n'est pas cause ?
Ecoutons notre cœur et puis notre conscience,
Notre raison alors, avec toute confiance,
Nous fera accepter les principes sublimes
De la *seule* loi que mérite notre estime :
La loi morale enfin, immuable et éternelle,
Laquelle fait partie des vrais lois naturelles
De l'univers entier, qui sont les lois divines ;
Lesquelles comprennent, ainsi qu'on le devine,
Tout naturellement toutes les lois morales
Et, de plus, physiques de la nature entière.
Les premières, qui sont pour nous les principales,
Sont alors les *seules* qui vont nous occuper.
Pour cela, il nous faut, ainsi que la prudence
Nous en fait un devoir, trouver la division
La meilleure possible. Alors, en conséquence,
Il nous faut accepter, avec juste raison,
Celle qui nous fera embrasser tout l'ensemble
De la vie humaine ; laquelle est, il nous semble,
Absolument conforme à cette division :
Loi *d'adoration* et puis de *reproduction,*
Conservation, travail, destruction, société,
Progrès, égalité, ensuite *liberté* ;
Puis enfin, la loi de *justice* et *charité,*
Cette dernière étant la plus considérée.
La raison en est simple et des plus naturelles :
C'est sans aucun doute, parce que c'est par elle
Que la Créature peut le plus progresser,
Tout en s'améliorant, c'est-à-dire avancer
Vers DIEU, but final et tout à fait essentiel
Pour toute Créature humaine et spirituelle.

LOI D'ADORATION.

La loi d'adoration est des plus naturelles
Chez toute Créature humaine et spirituelle,
Qui ressent dans son cœur toute reconnaissance
Pour DIEU, son *seul* soutien et sa *seule* espérance.
Elle est également le résultat forcé
Et inévitable d'un sentiment inné,
Comme l'existence de la DIVINITÉ
Est tout à fait innée chez tous les incarnés,
Et les désincarnés chez qui ce sentiment
Est inaltérable ; ce qui par trop souvent
Est bien loin d'exister chez lesdits incarnés,
Dont quelques-uns, hélas ! sont assez aveuglés
Par un stupide orgueil ou par la vanité,
Pour nier l'existence de la DIVINITÉ.
Plaignons ces malheureux, car ils feront pitié,
Quand ils seront parmi tous les désincarnés.
Enfin l'adoration est indifféremment,
Ainsi que nous le dit le plus simple bon sens,
Soit mentale ou verbale, intérieur, extérieure,
Et puis individuelle ou bien entre plusieurs.
Toutes sont bonnes, si elles partent du cœur,
Et si, de plus encore, elles ont le bonheur
D'être le résultat de la sincérité.
Vie contemplative, par la DIVINITÉ,
Ne peut être agréée. En voici la raison :
C'est que sur la terre, sans doute nous avons
Tous, tant que nous sommes, des devoirs à remplir.
Une telle raison peut grandement suffire.
Il nous faut, maintenant, parler de la prière.
Notre premier devoir est de faire observer

Que de notre âme elle est la vraie respiration,
C'est-à-dire un besoin souverainement bon.
Dite avec foi, ferveur et puis sincérité,
Elle est bien agréée par la DIVINITÉ.
Mais, dans le cas contraire, elle n'est pas écoutée,
De plus est sans valeur pour qui l'a prononcée.
Toute prière consiste à louer, à demander
Et, de plus encore, consiste à remercier.
Elle peut être enfin, cela est évident,
Vocale ou mentale, publique ou isolée ;
Toutes ont leur mérite et sont évidemment,
Quand elles sont pures, tout à fait agréées.
Disons encore ici, qu'on peut aussi prier
Les bons Esprits, qui sont de DIEU les Messagers ;
Tout en reconnaissant qu'elles n'ont de valeur
Qu'une fois agréées par notre CRÉATEUR.

DE LA REPRODUCTION.

La reproduction est, tout naturellement,
Loi de la nature, cela est évident.
En effet, sans elle les trois derniers règnes
Seraient anéantis, et puis le premier règne,
Ou règne minéral, pourrait seul exister.
D'après cela, Lecteurs, nous pouvons affirmer
Qu'une semblable preuve est plus que suffisante.
Maintenant redouter l'augmentation trop grande
De la reproduction nous paraît peu sensé,
Et puis, encore, empreint de culpabilité.
En effet, dans ce cas, c'est manquer de confiance
(Ce qui est tout à fait une grande imprudence)
En la DIVINITÉ, qui naturellement

Se charge d'y pourvoir, afin de maintenir
L'équilibre en toutes choses assurément.
Pauvres infortunés, il nous faut convenir
Que, ne voyant qu'un coin de toute la nature,
Nous ne pouvons juger de la grande harmonie
De tout son ensemble. D'après cela, pour sûr,
Il faut nous délivrer d'une telle manie.
Une autre utilité de la reproduction,
Est des êtres vivants toute amélioration ;
Laquelle se produit pour les trois premiers règnes,
Soit d'elle-même ou bien avec l'aide assurée
De tous Êtres compris dans le quatrième règne.
Ainsi l'a décidé de DIEU la volonté.
Enfin la dernière de ses utilités :
C'est l'union des sexes dans notre humanité ;
Union qui certes tend à la fraternité,
Entre tous Êtres de ladite humanité.

LOI DE CONSERVATION.

Le désir de vivre est une loi de nature,
Et, de plus, général à toutes créatures.
C'est un instinct commun à tous êtres vivants,
Afin que tous puissent, cela est évident,
Accomplir la tâche qui leur est imposée,
Et puis, en même temps, a pour but avéré
De soutenir *l'homme* dans toutes ses épreuves
Qui, pour un grand nombre, sont de sérieuses preuves
De leurs fautes passées, qu'ils ont à réparer ;
A eux d'y réfléchir et de ne pas l'oublier.
DIEU, infiniment bon, donne à tous ses enfants,
Toute chose utile pour leur conservation.

Seulement, la plupart, souvent imprévoyants,
Éprouvent quelquefois de grandes privations
Qui peuvent, plus ou moins, nuire à leur existence ;
C'est alors, chez eux tous, un manque de prudence
Dont ils devront alors subir la conséquence,
Ici-bas et, de plus, dans une autre existence.
Quant aux privations et souffrances volontaires,
Que quelques personnes s'imposent par piété :
Elles n'ont de valeur que quand ce qu'on veut faire
A pour but l'intérêt de notre humanité,
Ou bien celui d'autrui, notre frère incarné.
Dans tous cas contraires, à la DIVINITÉ
On ne peut que déplaire, en voici la raison ;
C'est qu'alors, de leur part, c'est une pure action
Tout à fait égoïste et des plus regrettables,
Étant la plus hideuse et la plus punissable.
— Avis à tous Messieurs les Membres du Clergé
Qui l'hiver vont pieds nus ou qui se flagellent,
Dans le faux but de plaire à la DIVINITÉ.
Ils se trompent, hélas ! et ce qu'ils appellent
Une action méritoire, est tout uniquement
Un acte absolument des plus *insignifiants*,
Quand il ne doit pas nuire à leur propre existence ;
Dans le cas contraire il devient *crime avéré*
Et *des plus coupables*, lequel la PROVIDENCE
Punit avec une *grande sévérité*.

LOIS DU TRAVAIL.

Le travail est surtout une loi de nature,
Parce que, forcément, pour toute créature
Il est absolument une nécessité.

En effet, supposons le travail annulé :
La civilisation et toute vraie jouissance,
Pour notre humanité n'ont aucune existence.
Le travail sert à l'*homme* à expier son passé,
Puis à perfectionner toutes ses facultés,
Qu'elles soient morales ou bien intellectuelles.
Mais, malheureusement, à notre époque actuelle,
La plupart d'entre nous sont assez malheureux
Pour n'y voir que le seul bien-être matériel
Qui doit en être la conséquence pour eux.
Oubliant leur avenir purement spirituel,
Ils ne voient que la brute et négligent l'esprit
Qui, *seul*, doit survivre dans le tout infini.
Plaignons ces malheureux qui, comme le lapin
Perdant le prix de course avec la tortue,
Perdront également l'unique prix enfin
Qu'ils pourraient acquérir par un peu de vertu.
Maintenant, du repos il faut nous occuper,
Car, après le travail, il sert à réparer
Les fatigues du corps ou celles de l'esprit.
D'après cela, tous ceux qui par autorité
Exigent un travail exagéré d'autrui,
Déplaisent tout à fait à la DIVINITÉ.

LOI DE DESTRUCTION.

Ce que nous appelons, être une destruction,
N'est en réalité qu'une transformation,
Qui, certes, n'a pour but que l'amélioration
De ce qui compose toute la création.
La destruction est donc une loi de nature,
Absolument commune à toute créature

D'un monde matériel et peut se concilier
Avec la suprême bonté du CRÉATEUR ;
Puisque son but consiste à faire progresser
Tous les êtres vivants, ce qui fait leur bonheur.
De cette vérité, il ne faut pas conclure ;
Que toutes destructions, sans aucune mesure,
Puissent impunément par l'*homme* se produire ;
Ce serait une erreur qu'il nous faut pas subir.
La *seule* destruction qui soit autorisée,
N'est que celle qui est tout à fait nécessaire.
Toute autre est coupable et puis toujours redressée
Par une punition qui, loin d'être arbitraire,
Est absolument juste et de plus rationnelle.
Concernant le suicide, action très criminelle,
Sa gravité dépend des motifs malheureux
Qui ont occasionné un crime aussi affreux.
Mais il existe encore un crime plus blâmable,
Qui consiste dans la très triste destruction
De l'homme par l'homme. Dans ce cas, le coupable
Est des plus à plaindre, si sa funeste action,
Par lui, est accompli dans un but de vengeance ;
Crime des plus affreux quelqu'ait été l'offense.
Alors, dans un tel cas, forcément il nous faut
Pardonner ou avoir recours aux tribunaux.
Si cela, cependant, ne peut pas nous suffire,
Il nous faut, dans ce cas, pour vouloir en finir,
Avoir recours au *duel uniquement moral*,
Tout autre étant, pour nous, tout à fait immoral.
Ce duel est celui-ci : c'est alors de sommer
Celui qui se sera permis de nous frapper,
Sans motif valable tout naturellement,
A nous accompagner tout aussi promptement
Que les circonstances nous le permettront,
Dans une ville que, sans doute, nous saurons

Fortement éprouvée par une maladie
Très pestilentielle ; consacrant notre vie
Aux soulagements des pauvres pestiférés,
Et cela, tout le temps qu'on aura désigné.
L'on peut être assuré qu'avec ces conditions
Pas un seul duelliste voudra nous insulter.
D'après nous, c'est donc, nous le reconnaissons,
Le meilleur moyen pour se faire respecter.

LOI DE SOCIÉTÉ.

La loi de société est loi de la nature ;
Opinion qui, pour nous, nous paraît des plus sûres.
En voici la raison infiniment sensée :
C'est que la parole et les autres facultés,
Indispensables à la vie de relation,
N'ont pas été données par la DIVINITÉ,
Tout inutilement comme il est de raison,
A l'Être humain, qui est un Esprit incarné.
D'où nous pouvons conclure, en toute vérité,
Que ceux qui s'isolent de toute société,
Par *pur* égoïsme sont toujours très coupables,
Parce que leur vie est nulle pour leurs semblables,
Et qu'eux ne peuvent que s'abrutir, s'étioler ;
Ce qui est très contraire à la loi naturelle.
Donc les *hommes* sensés doivent la fréquenter ;
Conclusion qui est vraie, comme elle est éternelle.
Les liens de famille, durables chez les *hommes*
Et que momentanés chez tous les animaux,
Doivent être pour nous, tous autant que nous sommes,
Une vraie vérité. Cependant, il ne faut
Aucunement qu'elle puisse nous faire oublier

Les liens de famille tout à fait spirituels ;
Desquels assurément, il nous faut rappeler,
Du moment, qu'eux *seuls* sont *immuables, éternels*.

LOI DU PROGRÈS.

La loi du progrès est une loi de nature.
La preuve : c'est que tout dans ladite nature,
Doit s'améliorer et ensuite progresser ;
Ainsi l'a décidé, de DIEU, la volonté.
Seulement les *hommes* doivent tous arriver,
Dans un sûr laps de lemps, plus ou moins éloigné,
A posséder toutes sortes de perfections ;
But final pour tout Être humain et spirituel.
Ici s'offre une assez sérieuse observation :
C'est qu'entre le progrès physique, intellectuel,
Peut se produire une trop grande différence.
Dans ce cas, alors la *divine* PROVIDENCE
Produit dans la partie qui se trouve arriérée,
Une secousse qui toujours est suffisante
Pour la faire arriver au degré désiré.
Cela se voit dans notre humanité souffrante
Assez souvent, ainsi que l'enseigne l'histoire.
Pour ce qu'on appelle : *peuples dégénérés*,
Nous ferons remarquer que c'est erreur de croire
Que la loi du progrès s'en trouve diminuée.
En effet, quelques-uns paraissent reculer,
Tandis qu'un plus grand nombre arrive à progresser.

LOI D'ÉGALITÉ.

Toutes Créatures humaines subissant
Les lois de nature et cela également,
Nous devons en conclure en toute vérité,
Que loi de nature, est la loi d'égalité.
Cette raison, Lecteurs, nous paraît suffisante.
Quant à l'égalité entre l'homme et la femme ;
Pour nous, elle paraît tout à fait évidente,
Et penser autrement, certes serait infâme.
Par devant le tombeau existe également
Une autre égalité, laquelle est acceptée
Par tous les *hommes* et qui, naturellement,
N'est pas plus exacte que la sus-désignée.

LOI DE LIBERTÉ.

Est loi de nature, la loi de liberté ;
Vérité justifiée par notre *libre arbitre*,
Lequel est forcément notre propriété.
Certes, qui le nierait serait un pauvre pitre.
De cela, cependant, il nous faut pas admettre
Que notre liberté puisse être tout entière ;
Aux lois d'une Nation elle doit se soumettre ;
C'est le devoir de tous et la cause première.
En effet, sans cela, aucune société,
Certes, ne pourrait jouir de la tranquillité.

LOI DE JUSTICE ET DE CHARITÉ.

La loi de justice et celle de charité,
Chez tous Êtres humains sont tellement innés,

Que, naturellement, il nous faut reconnaître
Qu'elles sont, l'une et l'autre, une loi de nature.
Cette vérité, qu'on ne peut méconnaître,
Est tellement imbue chez toute Créature
Qu'elle supporte enfin aucune discussion.
La *première* consiste, avec juste raison,
Dans le respect des droits de chaque individu,
Lesquels sont pour chacun plus ou moins étendus.
Elle a surtout comme base fondamentale
Ce principe sublime et de plus très moral :
« Faire en faveur d'autrui tout ce que nous voudrions
Pour nous-mêmes, avec toute juste raison ».
La *seconde*, qui en est le pur complément,
Peut être matérielle ou toute spirituelle;
Les deux ont leur mérite, et très certainement
Elles sont l'une et l'autre excessivement belles,
Et toujours approuvées par notre CRÉATEUR.
Mais, disons-le ici, pour l'unique bonheur
De celui qui doit en retirer avantage,
La toute spirituelle est la plus essentielle ;
Elle seule pouvant lui donner en partage
Le plus grand des bonheurs, le bonheur spirituel.
Aussi, pouvons-nous faire, avec juste raison,
Ces consolantes et sublimes réflexions :
Voulez-vous, au prochain, faire un bien véritable ?
Instruisez-le surtout dans la *pure* morale :
Faites-lui comprendre que la croyance en DIEU,
Est le premier devoir et puis le plus précieux
Qui incombe, ici-bas, à tous Êtres humains,
Qui tous, sans exception, sont ses enfants enfin.
Faites-lui-connaître ses attributs immenses,
Lesquels sont les suivants : *éternel, immuable,*
Unique, immatériel, et puis *toute puissance.*
Tout à fait *juste* et *bon,* tout à fait *adorable.*

Tels sont les attributs que nous reconnaissons
Appartenir, enfin, à la DIVINITÉ,
Qui ne doit les avoir, tous en sa possession,
Qu'au suprême degré, comme il a la bonté.
Dites-lui aussi que son âme est immortelle
Et que, par conséquent, après la vie actuelle,
Elle a, pour son bonheur et sa félicité,
La vie spirituelle pour toute éternité ;
Si toutefois elle a le très-grand avantage
D'accomplir, ici-bas, la sublime mission
Qui lui est imposée et qu'elle a en partage.
Dans le cas contraire, aujourd'hui nous savons
Que, hors de cette vie, l'attend la punition,
Si, malheureusement, elle a la prétention
De vouloir s'exempter des devoirs imposés
A tous Êtres humains, par la DIVINITÉ.
C'est, dans le premier cas, la progression pour elle,
Autrement dit la vie plus heureuse et plus belle ;
Et, dans le second cas, c'est à recommencer,
Ce qui pour elle, alors, ne peut que l'affliger.
Simple en est la raison : c'est que recommencer,
C'est subir de nouveau les souffrances passées,
Et se voir obligé, alors, de réparer
Ce que l'on a mal fait, les fautes du passé.
Pour cela, de nouveau lui faudra s'incarner
Dans un monde égalant celui qu'elle a quitté ;
Ce qui l'obligera encore à supporter
Les mêmes souffrances que dans ledit passé.
Faisons bien ici-bas et nous éviterons,
Dans la prochaine vie que nous devrons subir,
Des malheurs aussi grands et que nous redoutons.
Du vrai bonheur, alors, nous tous nous pourrons jouir.

PERFECTION MORALE.

Ce que nous appelons : la *perfection morale*,
Dans notre humanité ne peut pas èxister ;
Car, il nous faut l'avouer, les passions animales
Ont par trop le pouvoir de nous influencer ;
Lequel pouvoir, l'orgueil et puis la vanité
Possèdent chez nous tous au suprême degré.
Exterminons, en nous, ces défauts méprisables
Et, naturellement, il est plus que probable
Qu'il nous sera permis de nous en rapprocher
De plus en plus ; ce qui est la seule ambition
Que nous sommes en droit de pouvoir contenter.
Mais, naturellement, la plus simple raison
Nous dit que tous enfin, nous sommes destinés
A posséder un jour semblable perfection,
Et cela, pour en jouir pour toute éternité ;
Preuve assurée que DIEU est infiniment bon.
C'est pourquoi, chers Lecteurs, il faut Lui adresser,
A toute heure du jour, cette fervente prière
D'un grand moraliste; lequel a composé
De beaux quatrains moraux, qui sont très estimés.

PRIÈRE

« *Mon DIEU, pour être heureux, hélas ! que puis-je faire ?*
« *Vous savez mieux que moi quels sont mes vrais besoins,*
« *Le cœur de votre enfant s'en rapporte à vos soins ;*
« *Donnez-moi les vertus qu'il me faut pour vous plaire.* »

PIBRAC

FIN.

Paris. — Typ. Ch. UNSINGER, rue du Bac, 83.

CATALOGUE GÉNÉRAL

DES

différents volumes de l'Auteur

Guide du Bonheur. 1 vol. in-18 (Jésus). Prix broché : 1 fr. 50 cent, port en sus, et 2 fr. 30 cent. relié; *franco*, 30 cent. en plus pour chacun des deux prix.

Philosophie spirite. 1 vol. in-18 (Jésus). Prix broché : 1 fr. 80 cent., port en sus, et 2 fr. 65 cent., relié; *franco*, 35 cent. en plus pour chacun des deux prix.

Notions d'astronomie scientifique, psychologique et morale. 1 vol. in-8 (Jésus). Prix broché : 1 fr. 80 cent., port en sus, et 2 fr. 65 cent., relié; *franco*, 35 cent. en plus pour chacun des deux prix.

Catéchisme universel. 1 vol. in-32. Prix broché : 1 fr. 50 cent., port en sus, et 2 fr. 30 cent., relié; *franco*, 30 cent. en plus pour chacun des deux prix.

Encyclopédie morale. 1 vol. in-32. Prix broché : 1 fr. 80 cent., port en sus, et 2 fr. 65 cent., relié; *franco*, 35 cent. en plus pour chacun des deux prix.

Collection générale *des écrits de l'auteur*. 1 très-fort volume de plus de 1,300 pages. Prix relié avec luxe : 8 fr. 50 cent., port en sus, et 10 fr. *franco*.

OBSERVATION. — Pour se procurer l'un quelconque des volumes désignés ci-dessus, adresser chaque demande *affranchie* à la **Librairie des sciences psychologiques**, 5, rue Neuve-des-Petits-Champs, 5, à Paris.

Paris. — Charles Unsinger, imprimeur, 33, rue du Bac.